BEI GRIN MACHT SICH IHR WISSEN BEZAHLT

Bibliografische Information der Deutschen Nationalbibliothek:

Die Deutsche Bibliothek verzeichnet diese Publikation in der Deutschen National-
bibliografie; detaillierte bibliografische Daten sind im Internet über http://dnb.d-
nb.de/ abrufbar.

Impressum:

Copyright © 2010 GRIN Verlag, Open Publishing GmbH
Druck und Bindung: Books on Demand GmbH, Norderstedt Germany
ISBN: 9783656110798

Dieses Buch bei GRIN:

http://www.grin.com/de/e-book/187646/die-schlacht-von-stalingrad-aus-der-sicht-
eines-deutschen-und-sowjetischen

Phil K.

Die Schlacht von Stalingrad - Aus der Sicht eines deutschen und sowjetischen Schlachtteilnehmers

GRIN Verlag

GRIN - Your knowledge has value

Der GRIN Verlag publiziert seit 1998 wissenschaftliche Arbeiten von Studenten, Hochschullehrern und anderen Akademikern als eBook und gedrucktes Buch. Die Verlagswebsite www.grin.com ist die ideale Plattform zur Veröffentlichung von Hausarbeiten, Abschlussarbeiten, wissenschaftlichen Aufsätzen, Dissertationen und Fachbüchern.

Besuchen Sie uns im Internet:

http://www.grin.com/

http://www.facebook.com/grincom

http://www.twitter.com/grin_com

NAME

Die Schlacht von Stalingrad

Aus der Sicht eines deutschen und eines russischen
Schlachtteilnehmers

Inhalt

Die Schlacht von Stalingrad aus der Sicht eines deutschen und russischen Schlachtteilnehmers

„Ringsum brennt es, Bomben explodieren. Alles kracht zusammen, zerfällt in Trümmer und Ruinen – aber wir halten uns. Die Munition geht aus, und einen Kilometer hinter uns ist die Wolga. Wir wissen sehr gut, dass die Wolga nicht überquert werden darf, aber daran denkt sowieso niemand…"- Oberst Iwan Burmakow[1]

1.Vorwort

Stalingrad. Ein Name, unweigerlich mit den Bildern der grausamsten Kämpfe des zweiten Weltkrieges verknüpft. Ein Name so gewaltig und zugleich auch so bekannt, dass jeder sich früher oder später mit seiner Geschichte konfrontiert sieht. Dies soll mein Beitrag sein, dass die Leiden deutscher sowie russischer Soldaten aus jenen Jahren 1942/'43 niemals in Vergessenheit geraten mögen.

2. Stalingrad Allgemein und seine strategische Bedeutung

Stalingrad (vor 1925 Zarizyn und heute Wolgograd) liegt 1.075 km südöstlich von Moskau am rechten Ufer der Wolga, rund 400 km nördlich der Mündung des Flusses ins Kaspische Meer. Die Stadt erstreckt sich in seiner Breite bis zu 10 km und über 100

---

[1] Vgl. Hellbeck, S. 1

km am Wolgaufer entlang. Die räumliche Ausdehnung betrug um 1942 in der Länge etwa 40 km und in der Breite maximal 8 km. Aufgrund ihrer Nähe zur Wolga stellte die Stadt damals wie heute einen wichtigen Verkehrsknotenpunkt dar. Wie Adolf Hitler in seiner Rede im Löwenbräukeller vom 8. November 1942 sagte: *„Ich wollte zur Wolga kommen. An eine bestimmte Stelle. An einen bestimmten Platz. Dort schneidet man nämlich 30 Millionen Tonnen Verkehr ab. Darunter 9 Millionen Tonnen Ölverkehr. Dort fließt der Weizen aus diesen riesigen Gebieten des Kuban und der Ukraine zusammen um nach dem Norden transportiert zu werden. [...] Wir sind bescheiden. Wir haben ihn nämlich."* Eine fatale Fehlkalkulation wie sich zeigen wird.

3. Der Schlachtverlauf

Nach dem Beginn der Operation Barbarossa am 22. Juni 1941, die vor allem die „Raumerweiterung im Osten" vorsah, stand die Wehrmacht ein Jahr später bereits tief im Landesinnern der Sowjetunion. Am 28. Juni 1942 startete die groß angelegte Offensive der deutschen Truppen, bei der zum einen die Ölfelder im Kaukasus und zum anderen die Stadt Stalingrad genommen werden sollten. Eine Besetzung Stalingrads hätte die Schifffahrt auf der Wolga unmöglich gemacht und Hitler einen der wichtigsten Versorgungswege der Russen kontrollieren lassen.

Für Stalin war die Stadt von größter strategischer Bedeutung: Die Wolga stellte die so kriegswichtige Versorgung mit fossilen Brennstoffen aus dem Kaukasus sicher. Im weiteren Verlauf der Schlacht wird sich Stalingrad allerdings für die Machthaber beider Seiten- gerade wegen seines Namens- immer mehr zum Prestigeobjekt hin entwickeln. Die 62. Armee, die für die Verteidigung Stalingrads abkommandiert war, sollte die Stadt unter allen Umständen halten. Stalin hatte bereits nach dem Fall von Rostow den berüchtigten Befehl 227 erlassen: „Keinen Schritt zurück!"[2]. Deserteure und auch solche von denen man es nur vermutete, wurden standrechtlich erschossen.

Für die Bevölkerung bestand ein striktes Evakuierungsverbot. Ein Ersuch von Funktionären Stalins wenigstens ihre Betriebe hinter die Wolga verlegen zu dürfen, wurde kategorisch abgelehnt: „Wohin jetzt noch evakuieren? Die Stadt muss gehalten werden..." soll Stalin geantwortet haben. Erst nach einem verheerenden Flächenbombardement der Luftwaffe am 23. August 1942, bei dem schätzungsweise zwischen 40.000-100.000 Menschen ums Leben gekommen sind, war es der Zivilbevölkerung erlaubt die Stadt zu verlassen. Ein russischer Pionier beschrieb die „dunkle Silhouette der brennenden Stadt[...], als wäre sie mit einer Laubsäge ausgesägt. Schwarz und rot."[3] Die gesamte Stadt bezeichnete ein einziges Trümmerfeld.

Trotz des hartnäckigen Widerstandes seitens der Russen- der vor allem auf die harten Maßnahmen gegen die eigenen Soldaten zurückzuführen ist-konnten Truppen der Achsenmächte bis Mitte November '42 unter einem großen Aufgebot von Mensch und Material circa 90% der Stadt einnehmen. Häuserblock um Häuserblock, sowie Straße um Straße mussten hart erkämpft werden. Der Fahnenjunker Werner Karl Eling schrieb im Oktober '42 in einem Brief an seine Familie: *„Wir sind schon den ganzen Morgen am schießen und unterstützen unsere Infanteristen vor uns in Spartanowka und Rinok im Häuserkampf. Im ersten Stock sind die Unsrigen und im zweiten die Russen. [...] Die Schützen machen hier wirklich was mit. "*[4]

Generaloberst Tschuikow, der die mitunter Stalingrad verteidigende 62. Armee befehligte, setzte verstärkt auf die

[2] Vgl. Hellbeck, S. 1
[3] Vgl. Nekrassow, S. 122
[4] Vgl. Deutschlandfunk, 0:20

Taktiken des Guerillakrieges: Kleine Stoßtrupps gelangten durch die Kanalisation oder Gräben hinter die feindlichen Linien und konnten dort überraschend angreifen. Scharfschützen spielten bei dieser Strategie eine ebenso große Rolle[5]. Die Verluste der Russen waren zwar hoch, doch die als „Eliteverband"[6] geltende 6. Armee, wurde durch die Kämpfe stark demoralisiert und verschlissen. Diese Art von Kriegsführung war vollkommen neu für Befehlshaber und Truppe. Winrich Behr, Ordonnanzoffizier im Stab der 6. Armee erlebte die Gefechte: „ *In jeder Ecke des Gebäudes lauert der Tod. Es ist eine Situation, wie sie furchtbarer und ekelhafter nicht sein konnte.*"[7]

Während die 6. Armee auf die vollständige Einnahme der Stadt entlang des Wolgaufers konzentriert wurde, führten die Russen durch die im Norden und Süden zäh verteidigten Brückenköpfe neue Kräfte heran. Am Morgen des 19. November 1942 wurden die Stellungen der im Nordabschnitt liegenden 3. Rumänischen Armee mit einem 80 minütigen Trommelfeuer von gigantischem Ausmaß belegt. Die „sturmreif" geschossenen rumänischen Stellungen konnten dem Ansturm von neuen russischen Panzern und mit guter Winterbekleidung ausgerüsteten Infanterie nicht standhalten. Die Versorgungslage der Achsenmächte hingegen spitzte sich zu diesem Zeitpunkt an der gesamten Ostfront immer weiter zu. Güter mussten erst mehrere tausend Kilometer transportiert werden ehe sie die Front erreichten. Für einen Winterkrieg in der eisigen Steppe war die Armee zudem nicht vorbereitet worden.

Die Offensive der „Stalingrader Front" im Süden erfolgte einen Tag später und schon am 23. November 1942 konnten Truppen der Roten Armee den Ring um Stalingrad schließen.

---

[5] Vgl. Glantz, S. 166f.
[6] Vgl. Craig, S. 11
[7] Vgl. Klemke

Die Deutschen unternahmen mithilfe von Teilen der nicht eingeschlossenen 4. Panzerarmee einen Entsatzversuch, der schon frühzeitig scheiterte. Nun wurde erst das komplette Ausmaß der russischen Großoffensive deutlich: Die gesamte Front von Stalingrad bis hinunter in den Kaukasus schien auf dem Spiel zu stehen. Auch den kämpfenden Soldaten beider Seiten blieben die Ereignisse und deren Tragweite nicht verborgen. Ein deutscher Soldat vertraut seinem Kameraden an: „Mensch, Gnotke, hinter diesem verlassenen Schlachtfeld und hinter diesem verlorenen Krieg flimmern neue Schlachtfelder und neue künftige Kriegstheater."[8]

Der abgewehrte Angriff vor Moskau zeigte den russischen Soldaten, dass auch die als unbezwingbar geltende Wehrmacht verwundbar ist. Nach langen Rückzugsgefechten war die Kampfbereitschaft der Soldaten beinahe erloschen, doch die positiven Entwicklungen auf dem Schlachtfeld ließen neuen Kampfesmut und Hoffnung auf die Kriegswende aufkommen: „ Der Stern von Bethlehem steht jetzt direkt über meinem Kopf,[…]. Er hat uns hergeführt und ist dann stehengeblieben. Bis hierher und nicht weiter."[9]

Ein Ausbruchsversuch galt im Generalsstab der Wehrmacht als einzige Option „Die Hölle von Stalingrad"[10] zu umgehen. Im Kessel selbst wurden entsprechend bereits Vorkehrungen getroffen. Die Zusage Herman Göhrings allerdings, die 6. Armee über eine Luftbrücke versorgen zu können, veranlasste Hitler unter anderem den Befehl zum Aushalten zu geben und nicht , wie erhofft, zum Rückzug.

Der Bedarf der 6. Armee an Nahrung, Munition und vor allem Treibstoff belief sich insgesamt auf 300-400 Tonnen täglich[11]. Eine Menge die zu keiner Zeit hätte in den Kessel transportiert

---

[8] Vgl. Plievier, S. 425f.
[9] Vgl. Nekrassow, S.214
[10] Vgl. B., S.1
[11] Deutsches Historisches Museum

werden können. Die erstarkende sowjetische Luftwaffe stellte außerdem ein immer höher werdendes Risiko für die Transportflieger dar. Fallende Temperaturen erschwerten die Versorgung hinzukommend und begannen auch die Soldaten zu beunruhigen: „ Wir frieren aber es ist noch gar kein Winter. Was wird im Winter passieren?"[12] Es war der zweite Kriegswinter in Russland und die deutschen Soldaten wussten sehr genau mit welcher Kraft dieser auf Mensch, Tier und Gerät einwirkt.

Trotz der sich verschlechternden Versorgungssituation und der russischen Propaganda wurde mit Verbissenheit weitergekämpft. Die Doktrin der Nationalsozialisten ließ viele Soldaten lieber in den Freitod gehen, als in die Gefangenschaft: „An der Zariza ist er auf den Bahndamm hinaufgestiegen. Hat dort am Winterhimmel gestanden […]. Eine russische Kugel hat ihn mitten in die Stirn getroffen – das ist wahres Preußentum."[13] Angesichts der sich verschlechternden Lage sahen die Soldaten den Suizid als einzigen (ehrenhaften) Ausweg.

Gerüchte über einen Entsatz durch General Hoth oder Manstein waren an jedem Zeitpunkt der Kesselschlacht zugegen, doch je weiter der Rückzug Richtung Stadtzentrum ging, desto sinnloser erschien den Soldaten das weiterkämpfen, ja sogar die Notwendigkeit ihrer bisherigen Kämpfe: „Man hat uns gesagt, Hoth, Manstein, die Heeresgruppe, wird uns raushauen und uns helfen – sie hat uns nicht rausgehauen und nicht geholfen! Dann hat man uns gesagt: unser Opfer dient der Heeresgruppe [Süd] und werde dazu beitragen und ihr helfen, eine neue Front aufzubauen – aber die Front fiel immer weiter zurück! Jetzt ist von uns nicht mehr viel da, und der Rest fällt an Linien, die von vornherein nicht zu halten sind."[14]

---

[12] Vgl. Klemke
[13] Vgl. Plievier, S. 294
[14] Vgl. Plievier, S. 200

In der Endphase der Schlacht wurde der Kessel durch einen von der Roten Armee geführten Stoßkeil, am 25. Januar 1943, in zwei Teile gespalten: den Nord- und Südkessel. Es wurde trotz aussichtsloser Situation auf deutscher Seite weitergekämpft. Die vollständige Kapitulation erfolgte am 2. Februar 1943; Generalfeldmarschall Paulus war hingegen mit seinen verbliebenden Truppen im Südkessel bereits am 30. Januar in die Gefangenschaft gegangen.

4. Sicht der Soldaten

Die Moral der in der Wehrmacht Kämpfenden, sowie derer in der Roten Armee, kann zu jedem Zeitpunkt des Krieges antithetisch betrachtet werden.

Seit Beginn des Krieges 1939 waren es die deutschen Truppen gewohnt zu siegen. So nahmen die Soldaten an, dass auch Stalingrad früher oder später in deutsche Hand fallen würde: „Da war die Wolga. Da war Stalingrad; und das kriegen wir auch noch."[15]Was vor Moskau geschehen war wurde hierbei großzügig übergangen.

Die sowjetischen Soldaten im Gegensatz dazu empfanden tiefste Resignation: „ Vor Napoleon sind wir bis Moskau zurückgewichen. […] Und Napoleon hat außer Schnee und niedergebrannten Dörfern nichts gewonnen. Und jetzt? Ohne Ukraine und Kuban gibt's kein Brot, ohne Donezbecken – keine Kohle. […] Tausende Kraftwerke in den Händen der Deutschen. Was für Aussichten?"[16] Viele Russen gaben den Krieg bereits verloren. Der Schriftsteller Wassili Grossman schrieb beispielsweise: „ Dieser Krieg an der Grenze zu Kasachstan, am

---

[15] Vgl. Klemke
[16] Vgl. Nekrassow, S. 108

Unterlauf der Wolga erweckt das unheimliche Gefühl, als wäre unserem Land ein Messer tief in den Leib gerammt worden."[17]

Auf der einen Seite erschuf die russische Propaganda Mythen, wie die des Scharfschützen Vassili Zaitsev, um den Kampfgeist der Soldaten zu stärken. Auf der anderen Seite wurden härteste Strafen(Todesstrafe) für Feigheit, Defätismus und Desertieren verhängt. Doch auch die unmittelbare Erkenntnis, dass die in der Minderzahl kämpfenden russischen Truppen den Deutschen einen so verlustreichen Häuserkampf bescheren konnten, ließ am ehesten „Vertrauen in die eigene Stärke [erwachen]"[18]. Als dann schließlich die Gegenoffensive am 19. November startete, war man sich sicher, dass den deutschen Verbänden „die Puste ausgegangen"[19] sei.

Mit dem neu erwachten Optimismus der Russen, sank bei den deutschen Truppen die Kampfbereitschaft: Sämtliche Versprechen in Bezug auf Entsatz oder Versorgung, die seitens der Generalität oder Hitlers gemacht wurden, waren nicht eingehalten worden. Häufig war das Denken der Soldaten von einer gewissen Naivität bestimmt: „Die können uns doch nicht alle im Stich lassen. Die opfern doch keine ganze Armee."[20]

Die bis zum Ende intakte Befehlskette vermied ein weit um sich greifendes Einstellen der Kampfhandlung auf deutscher Seite. Die Bitte der im Kessel kommandierenden Generäle kapitulieren zu dürfen wurde von Hitler mehrmals abgelehnt mit der Begründung: „Stalingrad muss gehalten werden"[21]. Einen „Führerbefehl" zu missachten war mit der Todesstrafe geahndet und zudem „unehrenhaft". So wurde es eine Prestigefrage Hitlers, die auf deutscher Seite zum sinnlosen „Heldentod"[22] so

---

[17] Vgl. Hellbeck, S. 1
[18] Vgl. Hellbeck, S.
[19] Vgl. Nekrassow, S. 243
[20] Vgl. Klemke
[21] Vgl. Klemke
[22] Vgl. Klemke

vieler beitrug und eine Kapitulation verhinderte, an einem
Zeitpunkt, als die Schlacht verloren war.

„Alle sieben Sekunden stirbt in Russland ein
deutscher Soldat. <u>Stalingrad – Massengrab</u>"[23]

Anhang

(Quelle:

Russische Feldpost

Guten Tag Mama!

Die Artillerie ist der Stolz unserer Armee, denn das sind
diejenigen, die erbarmungslos deutsche Soldaten vernichten.

---

[23] Vgl. Schröter, S.121

Panzer und Flugzeuge, auf diese ist unser ganzes Volk stolz. Mama, denk an eins, dass unsere Armee dem Faschismus was abgeschnitten hat.

Es kommt der Tag, an dem die deutsche Armee einstürzt und die Wurzeln werden durch unsere Artillerie und mutigen Kämpfer vernichtet. Faschismus hat noch in einigen Richtungen Erfolg, aber das sind nur Angsttriebe und dieser wird durch die Sommerkompanie aus zwei Richtungen ermordet. Mama sei überzeugt, alles was von mir abhängt wird für das Vaterland erfüllt. Bis bald, und es wird bald sein. Kuss.

Adresse: Aschhabad, Krupskaja 37, Ljaschenko, Maria Semjonowna

Probleme beim Schreiben der Facharbeit

Es gibt viele Quellen zum Thema „Stalingrad" und seinem Schlachtverlauf. Doch die Sichtweise eines deutschen und russischen Soldaten nachzuvollziehen stellte sich schwieriger als gedacht heraus: Feldpostbriefe von deutscher Seite waren verhältnismäßig leicht aufzufinden; Feldpost von russischer Seite jedoch war sehr rar.

Ein weiteres Problem war die korrekte Einordnung von Quellen wie Radio-Sendungen oder Dokumentationen in das Quellenverzeichnis. Deshalb habe ich die Gattung der Quelle jeweils dahinter geschrieben, um so klassifizieren zu können.

Dennoch hat es mir Spaß gemacht diese Facharbeit anzufertigen, da es mir einen tiefen Einblick in ein historisches Ereignis von besonderem Gewicht gewährt hat.

Quellenverzeichnis

1. Plievier, Theodor: Stalingrad. Kiepenheuer & Witsch. Köln 2001. (Roman)

2. Nekrassow, Viktor: Stalingrad. Aufbau Verlag. 4. Auflage. Berlin 2009. (Roman)

3. Knopp, Guido: Stalingrad. Der Angriff [online]. 2003. Link:
   http://www.youtube.com/watch?v=e7tJ1w8VS2w (Dokumentarfilm)

4. Deutsches Historisches Museum Berlin: Schlacht um Stalingrad (August 1942 - Februar 1943).[online]. Link:

   http://www.dhm.de/lemo/html/wk2/kriegsverlauf/stalingrad/index.html
   (Internetquelle)

5. Schnitzler, Konrad: Deutsche Feldpost. Update: 7.11.2008. [online]. Link:

   http://feldpost.mzv.net/briefinh-U/briefinh-u.html (Internetquelle)

6. Deutschlandfunk. Feldpost aus Stalingrad. 2004. Deutschland Radio.
   (Radiosendung)

7. Professor Dr. Hellbeck, Jochen: Keinen Schritt zurück. In: Frankfurter Allgemeine Zeitung vom 29.01.2010, Nr. 24. Seite 9. (Zeitungsartikel)

8. William E. Craig: Die Schlacht um Stalingrad. Heyne. München 1991.
   (Tatsachenbericht)

9. Klemke, Christian: Stalingrad. ZDF. 2002. (Dokumentarfilm)

10. Glantz, David: Armageddon in Stalingrad, University of Kansas Press, Lawrence 2009 (Sachbuch)

11. B., Matthias: Brief an die Familie vom 1.10.1942. [online] Link:

    http://feldpost.mzv.net/briefinh-U/Briefinhalte/Briefinhalte2/bf1-kroabriefinhalte2.html (Internetquelle/Brief)

12. Schröter, Heinz :Stalingrad. Bis zur letzten Patrone. Kleins Druck- und Verlagsanstalt GmbH. 1945